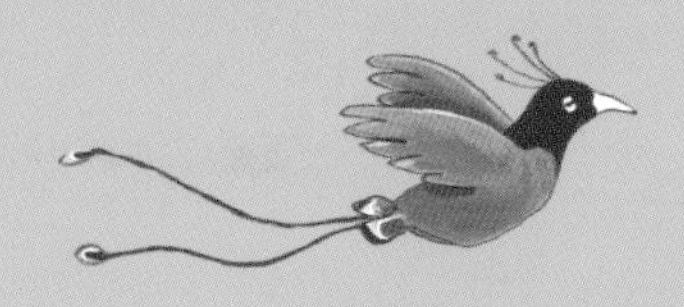

D1722397

Mit dem Kauf dieses Bilderbuches unterstützen Sie die Arbeit
der Deutschen Bibelgesellschaft. Vielen Dank!

Die Deutsche Bibelgesellschaft ist eine gemeinnützige kirchliche Stiftung.
Gemeinsam mit dem Weltbund der Bibelgesellschaften (United Bible Societies)
fördert sie die weltweite Übersetzung und die Verbreitung der Bibel –
damit alle Menschen die Bibel in ihrer Sprache lesen können.

www.weltbibelhilfe.de

ISBN 978-3-438-04282-8

Nacherzählung der Bibeltexte: Tanja Jeschke
Illustrationen: Marijke ten Cate

Originalausgabe: De eerste mensen

Gestaltung: Buitenspel / Meppel / Niederlande
Druck: Leo Paper Products (Europe)

Printed in China

www.dbg.de

Geschichten aus der Bibel für Kinder

Gott macht die Erde

Nacherzählt von Tanja Jeschke
Illustriert von Marijke ten Cate

Deutsche Bibelgesellschaft

Ganz am Anfang war nur Gott da. Außer ihm gab es nichts.
Doch dann schuf Gott die Erde.

Zuerst war die Erde noch dunkel und von Wasser überflutet.
Aber Gott sagte: „Es soll Licht geben!“ – Da wurde es hell.
„Das gefällt mir“, sagte Gott, „das ist gut.“
Er nannte das Licht Tag und das Dunkle Nacht. Das war der erste Tag.

Am zweiten Tag spannte Gott ein riesiges Dach über dem Wasser aus, das nannte er Himmel. Am dritten Tag sammelte Gott alles Wasser an einer Stelle. So entstand hier das Meer und dort das Land. Dann ließ er überall frisches Gras wachsen, Bäume und bunte Blumen.

Am vierten Tag machte Gott Lampen, in die er das Licht hineingab: die Sonne, den Mond und die Sterne. Die brachte er oben am Himmel an.
Dann machte er die Vögel und die Fische. Das war der fünfte Tag. „So ist es gut“, sagte Gott, als er sich alles anschaute.

Auch auf dem Land sollten Tiere leben. Und so schuf Gott am sechsten Tag die wilden Löwen, die scheuen Rehe, die schleichenden Schlangen und alle anderen Tiere.
„Und jetzt mache ich Menschen", sagte Gott, „Menschen, die mir ähnlich sehen."
Er schuf einen Mann und eine Frau, Adam und Eva.
„Was ich geschaffen habe, ist alles sehr gut", sagte Gott.
Am siebten Tag war alles fertig. An diesem Tag ruhte Gott sich aus.

Adam und Eva lebten in einem
schönen Garten. Dort konnten
sie herrliche Früchte von
prächtigen Bäumen essen,
so viel sie wollten.

„Nur von einem Baum dürft ihr nicht essen“, sagte Gott.
„Wenn ihr seine Früchte esst, müsst ihr sterben.“
Eines Tages sah Eva in diesem Baum eine Schlange. Die sagte zu ihr:
„Eva, dürft ihr etwa die Früchte von den Bäumen hier nicht essen?“
„Doch, natürlich“, antwortete Eva. „Von allen Bäumen dürfen
wir essen! Nur von diesem nicht. Sonst müssen wir sterben!“
Die Schlange lachte: „Das glaubst du doch wohl nicht!?
Wenn ihr von diesem Baum esst, dann werdet ihr wissen,
was gut und was böse ist. Dann werdet ihr sein wie Gott.
Und das will Gott natürlich nicht.“
Eva blinzelte zu den verbotenen Früchten hinüber.
Wie saftig und süß sie da hingen! Und sie machten
auch noch klug! Sollte sie...? Ach ja!

Sie pflückte eine und biss hinein.
„Hier“, sagte sie zu Adam. „Probier mal!“
Sie merkten aber beide gleich:
Das war nicht gut, was sie getan hatten.

Am Abend ging Gott im Garten spazieren.
Adam und Eva versteckten sich im Gebüsch.
„Adam!“, rief Gott. „Wo bist du? Warum versteckst du dich?“
„Ich hatte Angst, weil ich nackt bin“, antwortete Adam.
„Wer hat dir das gesagt?“, fragte Gott. „Habt ihr etwa von den verbotenen Früchten gegessen?“
„Eva war es“, sagte Adam. „Sie hat mir davon gegeben.“
„Die Schlange war es“, sagte Eva. „Sie hat mich dazu verleitet.“

Da sagte Gott: „Ihr könnt jetzt nicht mehr hier im Garten leben. Und ihr müsst von nun an selbst für euch sorgen. Das wird nicht leicht für euch sein."

Gott machte den Menschen Kleider aus Fellen und schickte sie aus dem schönen Garten fort.

Tanja Jeschke, geboren 1964 in Pretoria, Südafrika, hat Germanistik und Theologie studiert und veröffentlicht Bücher für Kinder und Erwachsene. Für ihre Arbeit erhielt sie mehrere Auszeichnungen, u.a. von der Stiftung Niedersachsen und der Kunststiftung Baden-Württemberg.

Marijke ten Cate, geboren 1974 in Stavoren, Niederlande, studierte an der Kunstakademie in Kampen mit Schwerpunkt Illustration. Sie arbeitet als Illustratorin für mehrere niederländische Verlage und hat auch in Deutschland bereits zahlreiche Bücher mit Bildern für Kinder veröffentlicht.

Gott macht die Erde
ist eine Nacherzählung aus der Bibel.
Sie findet sich in: 1.Mose/Genesis 1-3.

Diese Geschichte ist entnommen aus:
Die Bibel für Kinder
Nacherzählt von Tanja Jeschke
Illustriert von Marijke ten Cate
Deutsche Bibelgesellschaft
ISBN 978-3-438-04060-2